Cette Hypnose

Ascendante nommée

Hyperempiria

Les concepts de la technique de Don E Gibbons

Volume 1

Christophe Pank

1

«S'éveiller à une conscience plus ouverte à soi et au monde»

Du même Auteur Chez HnO Edition

Initiation à l'Hypnose Classique Curative

Méthode d'Auto Hypnose

Hypnose et Régressions

Initiation à l'Hypnose Urbaine

L'ésotérisme décrypté par l'Hypnose

Hypnose avec les Enfants

Mieux éduquer ses enfants grâce aux outils de l'Hypnose

CrossTherapy

Mes Premiers pas sur la loi d'attraction

Hypnose H-Ultra Ou Hypnose Profonde

Laboratoire Hypnose Volume 1

CT Energetics : Magnétisme et Transes

Chercheur sur la Loi d'Attraction

Hypnose et Hypnosophie

Apprendre le système TPA

Hypnose et Posture du Praticien

Hypnose et la Pre-test Therapie

Base de PNL Interpersonnelle

Base de la PnL Coaching

Périple d'un Praticien d'Hypnose contre le Cancer

Manuel de Formation à l'Auto Amour

Hypnose et Douleur

Table des matières

Introduction

Écrire sur l'Hyperempiria est une chose qui m'est venue pendant le **20e congrès mondial d'Hypnose.** J'ai suivi des conférences qui tournaient autour des **mêmes conclusions.** Un rapport avec **le quantique, le spirituel,** une sorte d'apaisement entre le corps et l'esprit. Que ce soit Ernest Rossi ou des médecins spécialistes, tous se dirigent vers cette réflexion. Or dans les années 70, un docteur en psychologie, **Don Gibbons** a travaillé sur une **méthode d'hypersconcience** au travers des transes hypnotiques. Ce qu'il faut savoir c'est que Don Gibbons a énormément travaillé en hypnose avec **Théodore Barber,** un des grands noms de la discipline. Si nous recontextualisons, Gibbons mettait en place ces recherches dans un monde où **la drogue, le LSD et les mouvements new age** battaient leur plein. Dans cette recherche de 'pleine conscience' avec des moyens divers comme la **méditation transcendantale, le chamanisme et autres substances,** Gibbons a développé un système complet d'éveil de la conscience. De retour de ce congrès, où cette notion d'élévation de la conscience et de connexion à cette 'supra-conscience' semblent devenir le sujet clef de l'**évolution de nos disciplines.**

Je souhaite mettre en avant cette méthode qu'est **l'Hyperempiria,** qui ne pourra qu'apporter un plus dans votre pratique si vous êtes déjà praticien ou même sur **un chemin de développement personnel** particulièrement actuel et positif pour les néophytes. Je vous partagerai mon humble compréhension et application de ce merveilleux outil. Je vous laisse découvrir ce que le fondateur propose directement au travers de son site : http://hyperempiria.blogspot.fr/

1- Qu'est-ce que l'Hyperempiria ?

Cette discipline est donc **née de l'hypnose.** Gibbons étant un **spécialiste** de la discipline, il a cherché à mettre en place de **nombreuses expériences hypnotiques** et à effectuer de nombreuses études et expériences sur le sujet. Il y avait à cette période de nombreuses **utilisations de stupéfiants** et les effets étaient recherchés par différents moyens. L'ouverture de conscience et les outils de développement personnel s'orientaient toujours plus vers la **possibilité de revivre ces extases, ces chemins vers une autre réalité.** C'est donc dans un contexte qui était ouvert à l'expérimentation qu'il a cherché à savoir s'il était possible d'utiliser une transe non pas en focalisation, mais au contraire, en **développement de conscience.** Il cherchait dans ces expériences à atteindre des **phénomènes similaires** à toutes ces substances et ces méditations. 'est en travaillant, non pas **en descendant** dans l'être, en se focalisant sur la voix du praticien, mais en permettant au partenaire de **se connecter** à tout ce que son environnement pouvait offrir comme possibilités et de **l'élever vers un monde 'éveillé'.** Le système est très simple à mettre en place et si vous êtes hypnotiseurs ou praticiens vous allez facilement pouvoir l'employer. Ce qui est extraordinaire c'est que cela **changera complètement vos sessions.**

Vous allez pouvoir également changer **la façon de faire percevoir les choses** à votre partenaire. C'est un moment qui va permettre à de nombreuses personnes de **se redécouvrir,** et de pouvoir reprendre beaucoup de ressources dans une sphère bien plus **'infinie'** que dans les états hypnotiques classiques. Pensez-y, les transes en Hypnose sont **descendantes,** ramenant à l'être et au subconscient/inconscient. Saviez-vous que certains partenaires **ne peuvent plus mettre en place des transes constructive,** parce que le subconscient sature ?

J'ai pu l'expérimenter quand je fais des séminaires de 7 jours, pendant lesquels, nous ne parvenons plus à 'sortir' de transe, et surtout nous ne sommes plus pro actif. Le subconscient ayant trouvé sa limite, même si cela peut sembler en contradiction avec le discours Ericksonien, je vous conseille de tester sur vous. Dans une **transe d'éveil et de pleine conscience,** il n'y a non pas **une 'tension' de centrage,** sur la voix ou sur les mots, mais au contraire **une ouverture vers tout** ce qui peut communier avec la transe. Nous ne sommes pas dans la limitation des perceptions, mais au contraire, plus elles **deviennent nombreuses et palpables,** plus elles nourrissent les possibles de cet état. Dans mon utilisation de l'Hyperempiria, je mets beaucoup en avant **ces perceptions ouvertes,** pour offrir une écoute du subconscient ou peut-être même ce que je nomme le supra-conscient. Je vous rappelle ce que représentent l**e subconscient et le supraconscient** dans ma sémantique :

- **Subconscient :** c'est l'ensemble des mémoires à long termes, des émotions, des patterns, des valeurs et des croyances.
- **Supraconscient :** c'est l'ensemble des perceptions d'éveil, de spiritualité et de pleine conscience.

2) Que peut-on faire avec l'Hyperempiria ?

Cette discipline est une ouverture à la fois **spirituelle et thérapeutique.** Je vais donc aborder ces deux facettes.D'un point de vue **thérapeutique**, vous pouvez facilement travailler sur différentes problématiques de vos partenaires.

- Le contrôle de soi et la régulation de ses croyances
- Alcoolisme
- Allergies et problèmes de peau
- Travaux sur la drogue
- Enurésies
- Hypertension
- Insomnies
- Rongement des ongles
- Contrôle de la douleur
- Réactions phobiques
- Relaxation
- Renforcement du soi
- Problématiques sexuelles
- Arrêt du Tabac
- Contrôle du poids

Comme vous pouvez le constater, nous retrouvons **les mêmes thèmes** que dans les démarches hypnotiques. La façon d'aborder sera un peu différente mais **le travail de suggestions** sera toujours important. En effet, au commencement de la technique d'Hyperempiria Gibbons avait travaillé sur des comparaisons avec les effets hypnotiques. Il s'est rendu compte que l'état de transe offrait, dans les deux modèles, le même type de réponses aux suggestions. Pour les praticiens, il vous suffira de travailler, dans un premier temps avec une des **inductions Hyperempiria**, puis les suggestions et les systèmes que vous connaissez et que vous appliquez dans votre pratique.

Nous verrons au fur et à mesure de cet essai, les **différents outils** qui pourront être utilisés dans ce processus thérapeutique.

Le second aspect de cette discipline est d'actualité, avec l'émergence de **la pleine conscience.** Le travail de transe au travers de l'**ouverture de conscience** est un des chemins qui va vous permettre de vous connecter à des facettes plus élevées, plus spirituelles de vous-même. Des techniques comme **la célébration de la vie, l'explosion de la créativité et des performances**, peuvent amener à s'ouvrir à une **nouvelle facette de soi.**

En ancrant cette capacité à être dans **une transe active** via l'hyperempiria, vous allez pouvoir vous rendre compte que **la perception de l'instant présent** sera complètement différente. Cette ouverture de conscience, plusieurs fois par jours permet de **se reconnecter à un soi plus élevé, plus éveillé.** Pour toute personne qui cherche à plonger dans un monde de découverte de soi, de spiritualité et de développement personnel, l'hyperempiria pourra être un allié dans ce cheminement.

3) Les inductions Hyperempiria

Vous allez voir dans ce chapitre **quelques inductions** que propose Don Gibbons, je vous conseille d'**être créatif,** le principe est très simple, c'est une mise **en transe ascendante.** C'est-à-dire que vous n'allez pas 'approfondir' ou faire 'focaliser' votre partenaire, mais au contraire vous allez lui faire prendre **conscience de tout ce qui l'entoure.** Vous allez l'éveiller le plus possible. Je ne vais pas vous donner mot pour mot ce qu'il propose, mais plutôt une idée que je vous laisse le soin d'agrémenter à votre façon.

Éclosion de la fleur :

*"Mettez-vous dans **une énergie positive** et dans un endroit confortable, quand vous êtes prêt, fermez vos yeux. Maintenant en gardant les yeux fermés, imaginez une chaude soirée d'été. Vous vous trouvez **au coeur d'une fleur** comme dans **un cocon doux** et **réconfortant.** Laissez-vous emporter par votre imagination et relâchez-vous complètement, comme si vous étiez complètement posé sur un pétale doux, et apaisante, durant cette nuit chaude d'été. Vous êtes **dans ce lieu confortable et sécurisant,** protégé par ces pétales. Vous pouvez sentir **la brise douce et agréable, caresser la fleur qui vous recouvre.***
Prenez conscience du son de cette brise et focalisez-vous sur la beauté et l'apaisement qui se trouve tout autour de vous. Vous vous laissez guider par ma voix (ou votre voix intérieure), qui va vous permettre l'éveil de votre conscience au maximum de ses possibilités. Vous sentez le vent ouvrir petit à petit les pétales rouges, dans lesquelles vous êtes.

La fleur commence à éclore, et vous respirez de plus en plus profondément, inspirant la chaleur de cette soirée à mesure que votre conscience commence de plus en plus à s'ouvrir, la fleur pleinement éclose.

*L'air de cette nuit est si pur, si frais, que vous laissez vos poumons **s'emplir de lumière et de force positive**. A mesure votre corps s'éveille à plus de conscience, à plus d'écoute de vous et de tout ce qui vous entoure. De l'intérieur vers l'extérieur, de l'extérieur vers l'intérieur comme si tout devenait un. Cette fleur qui s'éveille vous permet de découvrir la grandeur du ciel, de ces milliers d'étoiles. Plus les pétales s'ouvrent, plus **votre conscience s'étend** et votre souffle devient de plus en plus profond. Toutes les particules du corps s'éveillent à cette conscience infinie. Les pétales ouverts offrent **une senteur douce et agréable,** qui apaise chaque souffle. Laissez-vous accueillir et prendre **pleinement conscience de votre souffle** et éveillez de plus en plus vos états de conscience élevée.*

Ces pétales sont complètement ouverts et vous ressentez de plus en plus de joie et de connexions à une juste exhalation.

*Votre conscience est dans **toutes les parties de cet univers**, toutes les expériences et suggestions que vous allez vivre dans cette hyperempiria vont vous permettre de décupler vos possibilités et vos capacités à résoudre vos problématiques."*

Sur la plage la nuit :

*"Relaxez-vous et fermez vos yeux. Imaginez que c'est une nuit tardive et vous marchez sur une plage de sable fin, une nuit chaude de printemps. Gardez les yeux fermés, relaxez-vous complètement, sur cette plage sur laquelle vous portez attention à **cette brise légère** qui provient de l'océan, plein de douceur et de puissance. **Posez votre conscience** sur le mouvement des vagues qui vont et qui viennent, vous pouvez vous laisser aller complètement à son rythme, dans **ce moment infini et sans limite**. Le ciel est fabuleusement lumineux et plein d'énergie, laissez-vous guider par ma voix (ou votre voix intérieure), vous allez **vous éveiller à plus de conscience** de vous et du tout qui vous entoure. A cet instant, vous allez vous autoriser **à vous élever le plus en connexion possible** avec cette partie de vous. Vous allez commencer à expérimenter **la pleine conscience dans l'instant.** Dans quelques instants, vous allez vous autoriser à vivre une **intense ouverture de conscience.** Et* chaque seconde qui va passer, la plus plaisante et la plus belle des émotions et des connexions va s'éveiller.

*C'est comme **une grande libération** que vous êtes en train d'expérimenter maintenant, allant vers **une expansion encore plus intense** de vos émotions et de vos capacités, à cet instant sur cette plage, en connexion avec le ciel. Cette force et cette beauté continuent petit à petit à augmenter dans chacune de vos pensées. Cette **toute conscience** s'étend de plus en plus. Et plus, vous éveillez cette conscience et plus la beauté et la force de ce tout **fusionne avec vous.** Tout devient **plus intense et plus puissant** dans vos sensations, émotions et perceptions. **Vous ne faîtes plus qu'un** avec votre hyperempiria, tous les sens s'élevant de plus en plus.* Vous allez vous diriger vers plus de découverte de vous et de vos réponses."

Le voyage en ballon :

*"Maintenant avec les yeux clos, imaginez que vous vous tenez dans **la nacelle d'un grand ballon**. Laissez votre imagination s'éveiller à tout ce qui vous viendra comme détails et comme **possibles**. Relâchez-vous et laissez-vous embarquer dans ce ballon qui va bientôt s'élever.* C'est une journée radieuse, vous pouvez imaginer et ressentir les bonnes odeurs de l'air nourri des fleurs et des arbres. Vous vous rendez compte que vous pouvez entendre le bruissement de l'air dans l'herbe, dans les branches des arbres. *Tout va devenir de plus en plus clair à mesure que le ballon s'élèvera, comme **une ouverture de votre propre conscience** vers des cieux toujours plus lumineux.*

*Le soleil, caresse votre peau, et vous ressentez une douce chaleur parcourir votre corps et votre esprit. Je vais compter de 1 à 10, et entre chaque chiffre vous allez imaginer que ce ballon va s'envoler de plus en plus haut, vous permettant **de prendre conscience** de tout ce qui se trouve autour de vous, que ce soit dans les sensations physiques, psychiques et émotionnelles. Vous vous dirigez vers **l'unité de la conscience de l'univers**. C'est comme une rencontre avec la beauté infinie. A présent le ballon est quasiment plein de cet air chaud.*

*1- Le ballon commence à s'élever tout doucement et vous vous laissez l'opportunité d'entrer dans **une nouvelle expérience de conscience**.*

C'est le début d'une expérience particulièrement plaisante, qui développe votre sensibilité à toutes vos capacités.

2- Vous vous laissez entrer dans un niveau de conscience plus intense, devenant de plus en plus sensible et plus connecté à ce tout.

3- A mesure que le ballon prend de la hauteur, vous ressentez toutes les énergies de cette brise, qui vous permet d'entrer dans un monde encore plus éveillé.

4- Vos perceptions s'affinent de plus en plus, c'est une sensation agréable, qui vous offre plus de conscience que la seconde d'avant, mais moins que celle que vous vivez dans l'instant.

5- Plus vous vous élevez et plus vous fusionnez avec cette élévation de votre être, et plus vous commencez à entrer dans un état plus ouvert à vous-même et à vos capacités.

6- Votre conscience se répand dans tout cet univers, de plus en plus de joie et de paix pénètrent en vous.

7- C'est une merveilleuse sensation de libération que vous êtes en train d'exprimer et de vivre. Quand vous allez arriver au chiffre 10, vous allez atteindre le sommet de votre potentiel. Vos perceptions de votre monde vont s'ouvrir à de nouvelles possibilités et qualités, transformant petit à petit votre profonde réalité.

8- Vous vous élevez au-dessus de ce ciel, pour caresser l'espace et l'infinité des possibles. Vous allez entrer dans une nouvelle dimension d'expérience. A mesure que la joie s'éveille de plus en plus, vous développez vos capacités à plus de compréhension de vous et de cet univers.

9- Vous êtes monté si haut que vous arrivez dans des nouvelles dimensions de conscience.

10- Maintenant, vous êtes prêt. Au moment où vous êtes dans cette fusion de conscience et de possibilités, vous êtes capable de tout.

Comme vous pouvez le constater, les mises en hyperempiria sont particulièrement simples.

On pourrait les résumer sur les notions suivantes :

- Transes ascendantes
- Ouverture à une dimension supérieure
- Ouverture à une conscience plus éveillée
- Connexion aux différents sens
- Un compte de 1-10
- Des élévations plutôt que des approfondissements

Nous ne sommes pas dans le principe d'approfondissement comme nous l'appliquons en hypnose. Nous cherchons au contraire **des élévations.**

L'objectif n'étant pas de **focaliser sur un élément** comme la voix ou un toucher, mais vraiment d'ouvrir les possibles de conscience. Cela conduit bien sûr à une saturation qui va permettre une transe.

Nous allons utiliser **le principe de suggestions** que nous connaissons en hypnose, non pas pour l'associer à la voix du partenaire, mais pour **lui offrir l'opportunité de prendre conscience** de plus en plus de choses autour de lui. C'est avec cette orientation que nous pouvons petit à petit **faire défocaliser** les choses pour offrir un champ de perceptions nouveau. Nous avons appris à grandir en **nous concentrant.** C'est-à-dire que nous orientons notre attention sur une chose. Notre société, nous a paradoxalement enseigné et proposé de **nombreux 'divertissements'** pour faire en sorte que nous soyons de moins en moins focussé sur des choses et avec un objectif de proposer de la détente. Seulement, cela a ouvert une des problématiques de nos générations, cette incapacité pour beaucoup à rester concentré et centré sur un élément. Une des forces de l'hypnose est, comme la méditation ou la sophrologie, d'**apprendre à se centrer sur soi.** L'hyperempiria a une autre qualité, celle de la **concentration dans l'expansion de soi** et la prise de conscience des possibilités de l'ouverture de ses propres perceptions. Plus vous allez ouvrir le champ de conscience de votre partenaire et plus vous allez lui permettre durant un laps de temps défini, celui de votre session, **de contacter en eux ces facultés** qui ont été souvent limitées par les dogmes et les modes de vie 'contemporains'.

4) L'hyperempiria en pratique

Une fois que vous avez utilisé cette induction pour permettre **une nouvelle ouverture de conscience,** vous allez entrer dans le coeur de la session. En fonction de vos objectifs, cela va vous permettre de créer une **session thérapeutique, ou une session de coaching ou même de développement personnel.** Vous pouvez utiliser cette méthode sur ce que l'on pourrait nommer de **l'auto-hyperempiria**. Le faire seul et travailler sur **cette élévation de conscience**, dans une forme de méditation ou conscience 'réalisée' de l'instant.

Dans les sessions thérapeutiques.

Vous allez permettre à votre partenaire de **s'ouvrir à l'ensemble des sensations,** perceptions et connexions que la problématique ouvre en lui. Vous allez entrer dans un **cheminement de croyances** et de permission à jouer sur **les symbolismes** de ces dernières. En effet, lorsque parfois dans le cheminement psychothérapeutique de l'hypnose, notre partenaire semble tourner en rond ou ne peut pas assumer ce qu'il a vécu, avec l'ensemble de la **maturité thérapeutique** que cela demande, l'hyperempiria est un excellent outil pour lui permettre de **'symboliser' son être.**

Nous le retrouvons très souvent dans **l'hypnose 'ésotérique'** quand des partenaires vont se diriger quasi spontanément dans **une régression en vie antérieure,** pour s'offrir la possibilité de traiter le mal, dans des images, des sensations et des perceptions nouvelles. Cela ouvre un potentiel également de **non-jugement.** Pourquoi ? Simplement, parce qu'une croyance ou une projection symbolique est souvent moins violente qu'un vécu. Prenons un cas que j'ai suivre en cabinet. Une jeune femme qui a un gros **problème de confiance en elle,** qui a développé des **phobies sociales**. C'est une rencontre que nous pouvons facilement avoir dans le cadre du cabinet.

21

Après une régression à la cause dans l'une de mes premières sessions d'hypnosophie, nous apprenons qu'elle a **la perception d'avoir vécu** des attouchements. Je précise bien cette 'perception' parce qu'en hypnose, **nous ne trouvons pas des vérités**, mais des perceptions ou des croyances de notre passé, ce dernier n'étant naturellement pas 'réel' mais perçu. Comme elle avait du mal à assimiler ce traumatisme, à en faire **un dossier classé** dans sa vie, et commençant petit à petit à évoluer sur d'autres choses, je suis parti sur un travail en Hyperempiria. La session lui permettant de reprendre '**toute puissance**' de ses perceptions et de sa dynamique d'observation. Elle allait de plus en plus vers la capacité de **voir et de comprendre** les choses. Je proposais dans les suggestions ascendantes, cette vision qui devenait de plus en plus clair, et la possibilité de **fusionner avec le tout et le temps**.

Ce qui nous permettait de facilement avoir une **time line** pour la suite de la thérapie. Cette prise de conscience que, le passé, le présent et le futur n'étaient plus qu'une possibilité de voir les choses, a déjà ouvert un apaisement immédiat. L'Hyperempiria et cette conscience ouverte **devenant des ressources,** avant même d'avoir commencé le coeur de la session. Quand j'ai suggéré de remonter à ce traumatisme, elle, qui **flottait au-dessus du temps et des espaces** (chose qui peut être une **suggestion particulièrement utile**, votre partenaire **ne devenant plus sujet au temps et à l'espace**, ce qui est pour de nombreuses personnes une notion mystique ou quantique en fonction des croyances). Quand elle est remontée vers l'événement que nous avions déjà abordé dans une régression classique à la cause, elle se plongea dans un cheminement, avec des anges et des entités qu'elle percevait, pour petit à petit se diriger vers un avant. Ce ne sont pas les procédures que nous utilisons d'habitude pour une vie antérieure mais **c'est la symbolique qui lui semblait la plus rassurante** pour traiter la perception de son histoire. Elle se retrouva donc dans un autre corps mais constamment entourée de ses anges et gardiens.

Il est important de **poser dans ces moments-là des questions**, pour bien comprendre dans quelle réalité elle se trouve. A savoir que vous pouvez vraiment avoir de tout concernant **les symboles utilisés,** des peuples mythiques comme les Atlantes, les Extraterrestres, les anges, les divinités etc.

Nous devons simplement comprendre pour interroger au mieux et ouvrir les **potentiels de transformation** de nos partenaires dans leur Hyperempiria. Dans cet autre corps, et autre vie, elle put s'identifier à ce qu'elle était à ce moment-là, faisant des choses qui n'avaient pas été très 'bonnes'. En voyant et revivant les symboles de cette vie passée, elle est arrivée à la conclusion complètement apaisée que **c'était le 'karma'** et qu'au travers de ces attouchements dans cette vie présente, **elle payait** ses mauvaises actions passées. Avec un travail de pardon de soi et de réintégration de cette expérience devenant paradoxalement plus positive, parce que n'étant plus pris comme une punition, cette partenaire clôtura cette problématique. Elle prit d'ailleurs sur les sessions suivantes, une confiance en elle et en ce qu'elle se sentait prête à faire. Vous pouvez facilement constater que cette régression et cette ouverture à plus de conscience, à la potentialité qu'à ces niveaux de perceptions, **tout est possible**, elle a pu traiter symboliquement son problème, sans avoir à y revenir, sa croyance étant suffisamment puissante pour clore, la blessure.

Session Auto Hyperempiria

Vous pouvez également aller travailler sur vous dans la démarche d'auto Hyperempiria, si vous avez des bases en auto hypnose cela **ne sera pas compliqué.**

Au lieu de partir sur cette transe descendante, vous pouvez faire une Flower ou une Betty Erickson inversée, pour permettre de vous **élever dans les prises de conscience** de votre corps et de tous les sens que vous développez le plus possible, puis vous cherchez cette élévation.

Pour faire simple, voici ce que je fais très souvent dans ce cas : Prendre **une grande inspiration** en étant confortablement installé sur une chaise.

Puis petit à petit **prendre conscience de ma respiration** de plus en plus profonde à mesure que je 'vérifie' par le toucher, sans le moindre mouvement, comment je suis assis, la répartition des poids, le placement de mon corps, mes mains et mes pieds, tout en prenant **de plus en plus le temps dans la respiration.** A mesure que je me dirige vers ces différentes prises de conscience de mon placement, je prends de plus en plus **attention à ma voix intérieure** qui guide cette session, comme si je pouvais l'entendre à l'extérieur de moi. Un peu comme si je pouvais à la fois **me plonger dans les mots**, et **tendre l'oreille pour les entendre** comme chuchotés par un praticien. Puis tous les sons ou bruits autour de moi, ma respiration, ma chaise, les silences, ce qu'il y a dans la pièce et au dehors deviennent **de plus en plus présents** et c'est comme si je pouvais les toucher, les imaginer en formes et couleurs.

Je prends donc, à ce moment-là, conscience de ma posture, de mon souffle, de mes mots et sons, puis je prends de plus en plus conscience des couleurs, des formes et autres lumières sombres qui traversent mes paupières, peut-être même les images de mes pensées. **Je les observe, les intègre à moi et autour de moi,** je peux même, en faisant tout cela, prendre le temps d'imaginer que j'ai les yeux ouverts et que je peux distinctement reconnaître toute la pièce qui m'entoure. Je prends vraiment soin dans **cette saturation, d'ouvrir de plus en plus mes sens,** comme si j'étais sur une forme de **qui-vive** agréable, comme lorsque nous sommes enfant et que nous tentons de savoir si le père Noël est en train d'arriver, que chaque son et sensation **est comme disséqué.** Je me donne u**ne suggestion du type, je vis chaque souffle avec le plus d'intensité et de vie.** Je me donne une forme de conscience qui s'ouvre de plus en plus.

Quand je sens que **je suis alerte comme un félin,** dans cette dimension où tout devient plus 'réel', plus palpable, alors je commence à déployer encore plus de 'super conscience' et je commence l'élévation et la connexion à **cette capacité d'éveil de moi-même et de ce monde.**

Je fais un comptage de 1 à 10.

1- Tout continue à se développer et je sens et ressens jusqu'à **chaque pression ou mouvement de l'air,** à l'intérieur ou à l'extérieur de ma pièce, je suis comme en train de remplir ce monde

2- J'emplis de plus en plus cette pièce et cette demeure de mon être, de mon existence, de mes perceptions qui deviennent de plus en plus ouvertes

3- **Je me laisse porter** vers ces sons, ces images, ces sensations, qui sont à la fois en moi et de plus en plus autour de moi

4- Du sommet de mon crâne je m'imagine, me ressens, m'ouvrir et aller de plus en plus haut, de plus en plus connecté à ces flots de sensations, d'informations et d'émotions

5- Je sais qu'à 10 je serais complètement ouvert à **ma supra conscience,** à un monde des possibles

6- Je prends conscience de tout ce qu'il y a autour de mon bâtiment, de mon square, de ma ville de ma région, j'écoute et j'imagine un dialogue avec les arbres, le vent, la sensation de pouvoir les caresser et les sentir.

7- **Je me laisse attirer de plus en plus haut de plus en plus léger,** de plus en plus connecté comme si j'étais aspiré par une force douce, belle, bonne et apaisante

8- Mon souffle est de plus en plus **en communion avec le souffle de l'univers,** je prends le rythme de ce monde des possibles, je m'y connecte et j'avance vers mes réponses

9- Le bien être et l'acuité de tous mes sens sont complètement éveillés et je suis prêt à voir, entendre, écouter, ressentir toutes les informations qui seront bonnes, justes et positives pour moi.

10- Je suis dans l'ouverture de ma propre conscience, me connectant au tout et me laissant de plus en plus **synchroniser à lui.**

Ceci ne reste qu'un exemple que vous pouvez **facilement transformer à votre guise**, pour vous permettre de trouver le chemin qui vous sera le plus positif et agréable pour vivre vos expériences en Hyperempiria. A partir de là, en fonction de la problématique ou de la question que j'ai, je vais commencer à aller **me connecter à ce qui se passe dans mon être pour aller chercher les réponses.** Ça peut être des **images métaphoriques, ou des symboles**, pour ma part la plupart du temps, j'ai **des mots et des explications** comme pendant une discussion avec une personne qui est proche de moi. Ces explications peuvent être très précises ou plus symboliques, à moi de les traduire ou d'aller dans une autre 'dimension' de conscience pour en avoir la traduction.

5) La méthode Best Me de Don Gibbons

Cette méthode est celle qui est utilisée par Don Gibbons une fois que vous êtes en Hyperempiria. Je trouve cette **méthode particulièrement intéressante** et elle offre un potentiel nouveau, notamment pour des praticiens qui ont pu se perdre dans des protocoles qui parfois les enferment. Ici, nous retrouvons plutôt **une stratégie possible dans l'action thérapeutique.** A mesure de son utilisation, j'ai modifié la façon de l'utiliser, et je vous la proposerai en complément de ce que le fondateur à mis en place. Quand votre partenaire a une problématique, qu'importe laquelle et par rapport aux différents thèmes que je vous ai indiqués dans le chapitre précédent. Prenons un cas que j'ai pu avoir en cabinet à propos d'une maladie de peau. Mon partenaire ne parvenait pas, malgré les traitements, à **trouver une solution** pour ses problèmes de peau. Étant de nature **plutôt spirituelle**, j'ai travaillé avec lui sur les **'hauts niveaux de conscience'.** Une fois dans sa dimension d'Hyperempiria, nous avons commencé à travailler sur **son best me. B- Ses croyances :** Il estimait que c'était héréditaire que c'était dans sa nature biologique et que son père avait les mêmes problèmes. D'ailleurs il avait vu des spécialistes qui lui avaient confirmé la difficulté à guérir ce type de problématique.

Il avait un **fort respect** pour le staff médical, ce qui les plaçaient comme des référents difficilement 'dé-logeables' dans la vérité. Une petite croyance sur les hypnothérapeutes, mais il avait une confiance absolue dans les rebouteux qui pour lui sont **des guérisseurs naturels (divins).**

E- Emotion : La **peur** qui était la plus présente, était que la maladie ne parte jamais et qu'il doive vivre d'autres problèmes héréditaires, comme le cholestérol et autres. Cette peur le rendant de plus en plus **hypocondriaque**.

S- Sensation : **Brûlure et grattements** sur les zones affectées, un rapport au corps très désagréable.

T- Pensées : Que **rien ne pourrait changer** cela et qu'il serait obligé d'aller à la rencontre d'un spécialiste 'mystique' pour la dernière chance, la dernière carte à jouer.

M- Motivation : Une envie de mettre **toutes les chances de son côté,** et de ne pas avoir de regret avant de plonger dans une déception potentielle.

E- Attentes : Qu'il y ait comme **un changement ou une petite diminution** pour se dire que tout n'est pas joué.

Comme vous pouvez le voir, le cas était dans **une attente excessive** avec, au bout du compte, que très peu de motivation personnelle pour un changement.

Il est dans la dynamique très connue du **miracle** qui doit arriver dans le cabinet thérapeutique. Nous sommes dans cet hyperempiria, avec un best me qui n'est pas des plus positifs, et pourtant la session a pris une **tournure intéressante.** Dans l'expansion de conscience et la reconnexion avec **les connaissances de la planète, les forces de guérisons** (il me l'a fait remarquer avec les magnétiseurs qui eux sont des 'vrais'), j'accrois sa croyance de l'autorité, en dépassant cette notion de médecins, avec ce qui se trouve au sommet de sa croyance : **Dieu, le Tout** ... En ouvrant cette conscience vers **une lumière de connaissance et de possibilités,** et en l'orientant avec des suggestions, vers **un 'magnétiseur' intérieur** qui pourrait dans cette symbolique le guérir. En **recadrant sa croyance, avec les ressources** qu'offrent ce cheminement, les émotions de peurs ont commencé à se transformer spontanément. Cette peur devenait de plus en plus petite et surtout, il '**sentait quelque chose en lui'** qui lui disait qu'il était sur le bon chemin et qu'il n'avait pas à s'inquiéter. Avec quelques suggestions dirigées vers **la différence de chaque être humain** et sa palette infinie de possibilités, son émotion est devenue **un espoir positif de changement** et de ne pas être '**comme son père'.**

Comme souvent dans les séances d'hypnose ou d'hypnosophie, notre partenaire, dans sa transe, **ne ressent plus les gênes physiologiques,** ce qui permet de créer un **ancrage de processus.**

L'ancrage de processus, à l'inverse de l'ancrage d'état, permet de refaire à l'infini **l'initiation de l'ancrage** et donc de ne pas perdre l'efficacité de ce que nous cherchons à faire durer dans notre partenaire. Je lui enseigne donc qu'en comptant de 1 à 10, avec **cette ouverture de conscience,** il aurait à chaque fois, un apaisement immédiat de son malaise, parce qu'il sait (croyance) qu'il y a une **force 'supérieure'** avec qui il est en contact dans l'instant et à chaque fois qu'il l'utilisera, il pourra se sentir magnétisé en quelques secondes. Ces pensées ont été suggérées pour qu'il puisse **avoir confiance en cette capacité 'naturelle' donc 'divine' de guérison** et de résorber ces problèmes de peau. Nous sommes donc dans un recadrage du mystique, vers une expérience qui s'en approche mais avec des **suggestions factuelles,** comme quoi le corps, par essence se conditionne à être **en homéostasie.** J'utilise la motivation, du succès de contacter une partie de lui, plus élevée et qu'il est capable de contacter à n'importe quel moment. Vous remarquerez que **je valide toutes les facettes de son best me,** à chaque fois que j'utilise des suggestions ou des orientations. Je vois si **tout rentre dans un cadre** positif pour mon partenaire. Très souvent nous avons **un effet domino,** et nous savons **sur quel élément** nous diriger si les blocages persistent.

Vous comprenez que dans vos rendez-vous non thérapeutiques, plus axés coaching, vous avez là, une possibilité très importante de bien cadrer et d'**offrir des opportunités de changements** et d'atteindre les objectifs avec ce modèle.

6) Ma façon d'utiliser le Best Me

Pour ceux qui connaissent un peu ma façon de travailler en Hypnosophie, vous savez que je place **la question au coeur de la démarche thérapeutique** et de l'exploitation de la transe. J'utilise le Best Me très régulièrement pour offrir à mes partenaires des **possibilités d'expression et recadrer de nombreuses croyances** et perceptions qu'ils ont eux-mêmes achetées dans leurs histoires de vie. Dans un premier temps, l'utilisation du mot **'croyance' va remplacer les mots** : mémoires, souvenirs, compréhensions... Quand un partenaire nous parle de son passé, de ses problématiques, il **fige automatiquement** dans son subconscient (dans les mémoires à long terme) cela comme une réalité. Quand vous faites une suggestion avec **cet état de supraconscience,** comme quoi le monde, l'espace et le temps, peuvent être perçus comme **une réalité limitée à une facette d'un prisme** et que vous accompagnez cette idée, avec l'expérimentation dans son Hyperempiria, d'une perception du monde, de la nature ou tout simplement lui-même, différent de son habitude. Vous lui permettez ainsi de s**e découvrir, de se connecter,** de s'apprendre sous un autre angle et vous **lui rendez cela factuel,** au travers de son expérience présente en Hyperempiria.

Il sera donc simple de montrer, alors que ses souvenirs ne sont que **des angles de vue, qu'il a gardé et mémorisé**, filtré par ses connaissances et ses émotions de l'instant. En remplaçant petit à petit le principe de souvenirs par **le concept de croyances** de ce dont il se souvient, ou qu'il a vécu, vous créez, certes **une dissociation,** mais vous ouvrez dans cet état de supraconscience, une nouvelle porte avec **une infinité de chemins**, qu'il peut être prêt à parcourir.

La problématique **devient alors une croyance et un filtre** de ce qui est vécu. Gardez en tête que vous reviendrez toujours sur cette notion. Quand vous passez à l'émotion, vous interrogerez **sur quoi elle impacte la croyance** et si au fond, elle n'est pas aussi la croyance d'une émotion. Nous remettons les cartes à plat afin que, notre partenaire, dans cette pleine conscience de lui-même, puisse se redécouvrir et **ne plus rester fixer sur des patterns** qu'il a répétés sans cesse pour se décrire. Combien de fois avez-vous répétez que dès que vous pensez à tel ou tel traumatisme, vous êtes en colère, vous êtes triste... Si on ramène l'émotion à une croyance, quelle autre croyance d'émotion **allez-vous vivre**, et par extension par laquelle vous souhaitez passer pour **modifier la croyance de la problématique.** Cela peut sembler un peu confusionnant, mais gardez en tête qu'à mesure que vous déroulez votre best me, **vous remontez sans cesse** vers cette notion de croyance. Vous allez vous apercevoir que tout va devenir **de plus en plus souple.**

Et le plus intéressant, c'est que votre partenaire, ne va plus percevoir sa problématique et l'ensemble des éléments de la même façon, comme si vous mettiez en place **une phase de digestion de ce vécu et de ces traumatismes.** Vous continuez votre démarche dès que les étapes en amont ont avancé de façon positive. Pour que ce soit plus parlant, je vous donne un cas que j'ai pu avoir en cabinet. Une problématique d'un partenaire **sur sa place dans ce monde**, et un malaise par rapport à ce qu'il représente. Comme pour les sessions précédentes le partenaire est en Hyperempiria.

B- Croyance qu'il n'a **aucune importance** dans ce monde, et qu'il déteste le jugement que les gens portent sans cesse à son égard.
E - Emotion, grosse tristesse de ne pas être accepté comme il est.

Je reviens donc sur la croyance de l'émotion :

Q- Est-ce que tu crois que tu es triste ou tu crois que tu n'es pas accepté ?

R- C'est une réalité on ne m'accepte pas !

Q- Qu'est-ce qui nourrit cette croyance ? Et donc tu es triste ou tu crois que tu as aussi une autre émotion ?

R- Je ne sais pas, mais ça m'agace de ne pas être accepté...

Q- Tu crois que tu es triste ou agacé ?

R- Agacé.

Q- Tu me dis donc que ta croyance est que 'tu n'as aucune importance et que tu détestes le jugement' et ça t'agace c'est ça ?

R- Oui

Q- Tu ne crois pas que tu te juges toi en t'agaçant et/ou te voyant sans importance ?

R- Je crois que oui ...

Q- Est-ce que tu t'étais rendu compte de cette croyance ?

R- Non

Q- Ne crois tu pas que dans cette croyance que tu n'avais pas vue, tu puisses juger les autres ?

R- Je n'aime pas ça...

Q- On reste dans la supposition de la croyance, crois tu que ce soit possible ?

R- Oui, mais je n'aime pas ...

Q- Tu crois peut être que tu n'aimes pas, quelle émotion tu as à cet instant

R- De la colère

Q- Vis-à-vis de qui ?

R- De moi ...

Q- Ok et que crois-tu ressentir dans ton corps avec cette émotion ?

R- Du stress, de la tension plutôt...

Q- Et Crois-tu que dans cette sensation de ton corps, tu n'as pas une place dans l'ici maintenant ?

R- Et bien si être dans cet état c'est être à sa place, ce n'est pas ce que je veux !

Q- Donc tu crois que tu as une place dans l'instant ?

R- Pas la bonne...

Q- Mais une, n'est-ce pas ?

R- Oui...

Q- Rappelle-moi ta problématique ?

R- Ma place dans ce monde …

Q- Tu l'as non...

R- Pas celle que je souhaite !

Q- Nous ne sommes plus sur la même chose, quelle est ta croyance sur le fait de ne pas être là où tu souhaites ?

R- Que c'est con à mon âge de ne pas arriver là où l'on souhaite.

Q- Que crois-tu avoir comme émotion ?

…

Je travaille donc sur un retour constant et le recadrage se fait facilement.

Après bien sûr vous allez utiliser **les ressources** de l'Hyperempiria, comme **les connexions** des choses, faire se centrer sur les premières idées qui lui viennent...

7) L'hyperempiria et les doubles quantiques

Dans ce chapitre je vais vous présenter un travail que j'affectionne particulièrement, qui ne nous vient pas de Don Gibbons mais d'un autre grand monsieur, **Burt Goldman.** Burt Goldman est un praticien qui a mis en place un système qui se nomme **Hypnovision**, et il a développé de très nombreux **travaux sur les bases de la Méthode Silva.** C'est un chercheur invétéré qui ne s'arrête jamais et qui continue cette passion du **développement du potentiel humain.** Il a entre autres développé une méthode qu'il a nommé **Quantum Jumping.** Comme j'en faisais référence au début de l'ouvrage, nous sommes dans une période où **tout devient quantique.** Tous les 'anciens' ceux qui aujourd'hui ont autour de quatre-vingt ans, gravitent dans la même réflexion, **entre spirituel et quantique.** Nous sommes certainement dans une énergie propice à cette évolution et ce changement de perceptions des réalités. Dans un de ces exercices, il propose d'aller rencontrer **son double quantique.** Cet outil est **un potentiel infini** pour la résolution des problèmes. En associant l'Hyperempiria et la rencontre du double quantique, j'ai eu de merveilleuses sessions avec mes partenaires. Pour ce faire **c'est très simple,** vous allez utiliser le principe d'induction d'Hyperempiria, et une fois qu'il se trouve dans **cette supraconscience**, vous allez l'orienter vers une rencontre. Très souvent dans les démarches **d'hypnose ésotérique**, nous allons chercher des symboliques de la spiritualité, ici nous allons offrir une option différente. Dans les logiques quantiques, nous pouvons lors d'un **pretalk** expliquer que nous sommes à la fois présents dans cette dimension dans laquelle nous discutons, et en même temps dans de **nombreuses autres dimensions**, avec un 'nous' différent. Cela part du principe que nous sommes qui nous sommes aujourd'hui par rapport aux choix que nous avons pris depuis notre naissance.

Que chaque pensée ou choix différents, nous auraient offert une vie complètement différente. Nous sommes praticiens, ingénieurs ou pompiers, mais nous aurions pu, au travers de nos comportements et de nos décisions, devenir sans abri, pilote d'avion ou moine. Ce sont des choix et des non-choix qui nous ont amenés à vivre dans cette conscience présente. Il y a donc **une infinité d'histoires possibles de nos vies.** Prenons un événement de notre vie comme un accident. Si dans notre décision nous avions pris la voiture deux minutes plus tôt, nous aurions évité la personne qui a grillé le feu, nous ne serions pas allés ce jour-là à l'hôpital etc, il y a donc un autre nous, dans une dimension parallèle qui a peut-être décidé d'aller aux toilettes avant de partir et qui donc a évité l'accident. Ayant donc une expérience différente, avec de nouveaux choix, du temps que nous, nous avions dû passer dans l'hôpital... De cela, chaque élément de notre vie, donne **des effets différents.**

Pour ceux qui jouent aux consoles, c'est comme dans un jeu de rôle, vous n'avez pas le même scénario, si vous allez ou non dans tel ou tel donjon. Cette idée de **multi-univers** est de plus en plus acceptée et c'est de cette notion là que **nous allons rencontrer un nous qui a sûrement la réponse,** l'explication ou la solution à une de nos problématiques. A l'inverse de nombreux cheminements plus spirituels nous propose de rencontrer notre guide (qui pour certains est plus ou moins clair) ou comme dans la Méthode Silva, nos conseillers, nous sommes dans une rencontre **avec rien d'autre qu'un nous.** Nous nous connectons à toutes nos énergies et perceptions qui sont **la ressource absolue. Pas besoin de s'identifier ou de modéliser,** il n'y a juste qu'à **vibrer à notre rythme,** trouver ce qui est en nous de cette partie, de cette dimension. Comme pour toutes les démarches thérapeutiques nous allons dans un premier temps partir avec **la problématique** de notre partenaire. Nous allons le faire **s'éveiller** dans son hyperempiria.

La plupart du temps, je fais en sorte de faire **une expansion au-delà de la planète** pour donner une imagerie mentale des possibles de l'univers avec les infinités d'étoiles comme de **nombreuses ouvertures à des dimensions** dans lesquelles nous allons pouvoir plonger. Une fois que votre partenaire est dans **un état de supraconscience**, nous allons bien connecter notre partenaire à sa problématique et lui demander de plonger vers la **source de lumière de l'une de ces étoiles**.

Laissez-lui le choix de se diriger vers elle et puis **orientez avec un décompte de 5 à 1** pour s'y trouver. Entre chaque chiffre, vous nourrissez la suggestion de rencontre avec un autre lui, dans une autre dimension, qui a des informations où la solution à lui apporter. Lui expliquer, qu'il va **pouvoir interagir avec,** qu'il va devoir être attentif pour qu'il puisse prendre le maximum d'informations. A la fin du décompte vous lui suggérez qu'il se retrouve en face de ce double quantique. Comme pour **les régressions**, vous allez l'interroger sur le lieu, les sensations, les perceptions. Comme nous sommes dans un hyperempiria, ayez confiance dans ce qu'il peut percevoir. En effet, certains seront visuels, mais d'autres se laisseront plus facilement aller vers une sensation. Mettez les **suggestions d'hyper conscience, de grande compréhension en avant.** En général, à l'inverse des régressions, les travaux bien guidés en Hyperempiria offrent vraiment des **retours particulièrement clairs,** parce que votre partenaire est vraiment en pleine écoute de tous les signes qu'il vit. Une fois que toutes les questions de situation ont obtenu une réponse, vous allez pouvoir faire **dialoguer les deux ensembles**, vous restez le leader des questions. Il y a des moments où les doubles quantiques parlent de façon métaphorique, il est important que cela **puisse parler à votre partenaire.** Vous pouvez donc avoir un échange, vous pouvez également faire faire **un voyage dans la vie de ce double** dans cette dimension.

Il est alors possible même de voir **quel a été le frein dans notre vie actuelle,** et comment cela a été géré dans une vie parallèle, les erreurs que nous avons faites et que ce double **a abordées différemment.** Il y a vraiment une grande quantité de possibilités dans cette démarche de découverte de ce monde parallèle. Comme avec les vies antérieures, vous allez pouvoir travailler sur **les lignes du temps,** avec un plus, vous pouvez dans ces vies parallèles percevoir le futur des doubles. De plus, vous pouvez connecter votre partenaire sur ce que je nomme **la triforce, la perception physique, psychique et émotionnelle.** Vous pouvez même les faire fusionner pour qu'il puisse ressentir ce que c'est le bien être, la façon de fonctionner en interne de cette dimension etc. L'important est de pouvoir **offrir réellement des solutions et des voies nouvelles** sur les maux qui touchent notre partenaire. Ces sessions peuvent parfois être un peu longues surtout si vous sentez que ça tourne en rond, vous **allez proposer un autre double quantique.** Ce que je fais régulièrement, c'est de trouver **une ébauche de réponse** avec un premier double et des compléments avec un autre. Ce qui permet, de l'ouvrir à différentes possibilités de ce qu'il veut, désire et s'offre comme **potentiel de vie,** s'il changeait ses croyances. Ses doubles étant des potentiels souvent mis de côté. Ce qui est intéressant c'est qu'il nous suffira de travailler avec un best me après, sur ces possibles pour qu'il puisse les réaliser.

Prenons un cas :
Une partenaire qui vient pour devenir une meilleure praticienne dans sa discipline. Une fois dans sa transe, je lui fais rencontrer un premier double, qui lui explique qu'elle n'est pas ce qu'elle croit et qu'elle ne se connaît pas. Ce double est **une symbolique de 'winner',** quand je pose des questions au double, elle dit qu'elle aimerait être comme elle, mais qu'en réalité ce qu'elle dit n'est **que pour l'image,** ma partenaire qui met en avant la valeur des gens grâce à leurs travaux et aux efforts, **s'invente une vie.**

Ce double explique qu'elle est au contraire tout l'inverse, **fainéante et à attendre que tout lui tombe du ciel.** Ma partenaire se met un peu en colère vis-à-vis de ce discours. Mais l'autre lui démontre au travers de ces réflexions qu'elle ne fait que **brasser de l'air** par rapport à ces années de pratique et qu'elle n'a rien fait de concret, chose qu'elle m'avait souligné en début de session. Bien sûr je pose des questions au double quantique, pendant ce type d'accompagnement, en ramenant souvent sur le ressenti et la perception de mon partenaire. En conclusion, le double lui dit d'arrêter **de 'fantasmer'** d'être un winner et de se rendre compte que **ce n'est pas elle.** Cette remarque, dans un premier temps difficile, eut un effet **libérateur** pour ma partenaire, qui avoua pour la première fois qu'elle n'avait pas pris conscience que son image idéale n'était pas elle, et qu'elle avait une autre vision des choses.

En continuant sur le thème d'être une meilleure praticienne, elle arrive avec un autre double qui lui dit qu'elle n'a pas à être meilleur praticien, parce qu'elle ne l'est tout simplement pas. **Ce double est un praticien,** et après des questions, il y a une explication qui indique qu'elle n'est pas sortie de son ancienne profession de commerciale. Elle vend encore ce qu'elle propose au lieu de trouver sa posture. A ce moment-là dans ce dialogue avec son double, il y a eu comme une révélation, d'une illusion de vie, d'elle et de ses activités. Elle s'est **rendu compte du mensonge** qui mène sa vie depuis des années et donc cela lui a permis de commencer à se retrouver et de comprendre clairement au contact de la thérapeute quantique, qu'elle n'est pas du tout sur ce chemin.

Comme vous pouvez donc le constater, les échanges avec les doubles quantiques parfois sont un peu violents, mais cela reste toujours dans les notions que notre partenaire est capable de le vivre. Vous avez avec le double quantique un outil qui peut vraiment construire de nouvelles voies thérapeutiques.

8) D'autres Utilisations de l'Hyperempiria

Nous pouvons utiliser l'hyperempiria pour de nombreuses choses dans notre quotidien.

Hyperempiria et Méditation

Nous pouvons l'utiliser hors démarche thérapeutique plutôt comme une méditation qui va nous permettre **une élévation au travers des chakras supérieurs.** Nous connaissons les méditations sur les différents chakras, nous savons que nous en avons sept principaux sur le corps, et qu'il en existe d'autres plus élevés.

Dans **la démarche d'élévation,** au lieu de passer par des métaphores du ballon ou du bourgeon, vous pouvez faire un travail sur les différents chakras.

- Asseyez-vous confortablement
- Contactez le premier **chakra rouge** et en plus de ce centrage, vous allez prendre conscience de tout le bas du corps et de tout ce qui entoure. Comme si votre corps était comme l'air.
- Une fois que toute la zone chakra racine est en expansion, vous passez au **chakra des désirs** en vous connectant dessus et sur la couleur orange, et de la même façon, vous allez prendre conscience de tout ce qu'il y a autour, et toutes les variations que la couleur va prendre dans votre esprit
- Vous passez sur le **chakra des émotions** avec la couleur jaune, et vous faites le même travail de conscience.
- Vous allez relier les trois énergies comme si un canal, à la fois en vous et autour de vous, les reliaient.
- Vous continuez cet éveil de la conscience vers **le chakra du coeur,** avec une attention particulière à la couleur verte, notez si des images ou des émotions spécifiques viennent vous titiller.

Répandez dans cette zone votre être et votre énergie avec une lumière douce.

- En arrivant au **chakra de la gorge**, vous allez pouvoir continuer le même processus mais en rajoutant, une série de **Ohm,** profond comme si vous diffusiez une onde bleue claire au travers de ce son.
- Pour **le troisième oeil,** vous pouvez visualiser le bleu nuit, mais surtout comme si tout votre être était capable de voir chaque molécule de cet univers. Imaginez une vision des pensées, des émotions, des corps.
- Pour le **Chakra coronal**, vous laissez une lumière violette devenir de plus en plus blanche et transparente en imaginant que c'est comme un chemin que vous allez suivre.
- Pour les chakras supérieurs, vous **faites le lien avec les 7 chakras** en imaginant que vous vous dirigez, physiquement, psychiquement et émotionnellement vers des **sources de chaleur, de lumière** de plus en plus haute, vous permettant d'aller vers un allégement de vos sensations, et une plénitude va prendre place.
- Vous allez rester dans cet état de supra conscience, à écouter, ressentir, voir, sentir et vivre dans toutes ces perceptions.

L'hyperempiria permet des méditations particulièrement intéressantes dans nos travaux personnels et ouvre de **nouvelles sensations et orientations** dans ce long parcours. Dans les années 70, nous savons tous que **la libération sexuelle** a été une révolution dans une société plutôt puritaine. Cette recherche du plaisir de la chair n'a pas fait exception à l'hypnose. Comme je vous l'ai expliqué, durant ces périodes, obtenir les mêmes retours que les différentes drogues par le moyen de transes faisaient partie des recherches. **Le plaisir de l'orgasme** était également mis en avant. **L'hyperempiria est un excellent outil érotique** dans le partage de l'intimité.

Imaginez que votre corps et ce que vous ressentez est **démultiplié à tel point que les mots comme les gestes éveillent un plaisir insoupçonnable.** Nous savons que **le sexe est une transe** qui peut être exploitée de nombreuses façons. D'ailleurs ce n'est pas anodin que les Indiens et les Chinois en parlent dans tant de traités. Notamment dans ceux pour la longue vie. Que des disciplines comme **le tantra** se soient développées **en liant la spiritualité et les corps.** Quand on sait que les mantras dans leurs répétitions ouvrent des transes, que la respiration plonge aussi dans ces transes, le sexe n'est pas une 'discipline' moins noble, **dans le chemin de l'éveil.** Chez nous, avec les traditions Chrétiennes, le tabou du sexe, avec cette idée de ne pas "coucher" avec n'importe qui, outre l'aspect premier de la religion, est beaucoup plus compréhensible si on sait que nous sommes dans **un état puissant de transe**, pendant laquelle **les suggestions peuvent facilement** être acceptées comme réalité. A votre avis pourquoi les espionnes russes couchaient avec les cibles ? Parce qu'**après un orgasme, la transe est complètement ouverte,** et que les réponses aux suggestions se font avec un minimum de facteur critique … L'hyperempiria devient donc un excellent outil pour **développer la sensibilité, l'extension de l'extase**, la prise de plaisir plus intense.

Pour cela rien de plus simple, mettre son ou sa partenaire dans un état de supraconscience comme si son corps était deux ou trois fois plus réceptif à tout ce qui est au niveau sensation, tout en éveillant de plus en plus l'ouïe à entendre chaque souffle, chaque mot comme une caresse à plusieurs dimensions, internes et externes. Orienter toutes les pensées vers **une seule envie celle de toujours plus de plaisir**. Une technique que j'utilise, c'est de continuer en expansion vers **la symbolique des 7 ciels,** laissant entre chaque ciel, des plaisirs ou des orgasmes, partagés ou solitaires de ma partenaire.

Je vous laisse le plaisir de découvrir.

Conclusion

Dans cet essai, je vous ai partagé **ma perception et mon expérience** de ce superbe système que **Don Gibbons** a mis en place. Je vous invite vivement à lire son blog et ses ouvrages que nous trouvons en anglais, qui traitent autant d'hypnose que d'hyperempiria. Vous avez dans cette méthode de **nombreuses voies** pour que votre partenaire puisse avancer vers un 'éveil' de conscience. Une possibilité de s'ouvrir à de nouvelles perspectives. Outre le principe inductif, vous verrez que **l'apparente simplicité du Best Me**, est un fil conducteur vers des sessions toujours différentes avec vos partenaires. Dans une hypnose qui se veut parfois 'silencieuse', avec **un travail unilatéral** de nombreux praticiens, l'hyperempiria peut être **une des meilleures transitions possibles**, à plus d'échanges, de questions, de réponses et d'une relation thérapeutique qui **investit vraiment les deux parties.** Pour le travail personnel, je pense qu'il est un outil que tout hypno devrait utiliser régulièrement. Nous sommes dans une ère qui permet **la rationalisation du spirituel**, grâce au quantique, et grâce à notre ouverture à des consciences différentes. Il est dès lors passionnant de passer vers une supraconscience de nous, de notre vie et de nos pratiques.

Prenez soin de vous.
Be one
Pank, le 4 Septembre 2015

Qui est HnO Hypnose ?

HnO Hypnose est une association de pratiquants et de praticiens en Hypnose à tendance Elmanienne, Hypnosophie, Hypnose Fusion et Thérapies Durables.

Notre but est de rechercher, développer, pratiquer et diffuser sur ces sujets.

Pour ce faire, nous utilisons plusieurs leviers : des formations, des cabinets ouverts, de l'Hypnose Urbaine, des livres, des audios, des live Facebook, des Podcasts...

Nous organisons des formations en Hypnose Classique Curative, Hypnosophie et Psycho-Pratique Intégrative ainsi que des ateliers en thérapie durable.

L'Hypnosophie est une discipline de synthèse et intégrative. L'hypnose est un vaste monde avec des écoles, des styles et des tendances.

Plus qu'un style, nous souhaitons intégrer, sur les bases communes de l'hypnose, une ouverture globale.

Nous organisons des cabinets ouverts, dans le but de faire découvrir l'aspect curatif au plus grand nombre.

Toutes les semaines nous organisons des sorties Hypnose Urbaine ou des Hypno-papotages.

Nous y invitons des praticiens mais aussi des amateurs.

Le but étant de faire connaître, dans un autre contexte que le soin, ce qu'est l'Hypnose.

Cette expérience humaine est extraordinaire. Nous pouvons dissiper les à priori et faire vivre des expériences agréables aux passants.

Vous pouvez trouver plus d'informations sur ce que nous mettons en place sur : www.hno-hypnose.com

Nous avons mis en place un site de Mp3 d'Hypnose pour faire vivre des micros séances. Vous trouverez des informations sur : www.hno-mp3-hypnose.com

Si vous souhaitez nous rencontrer, échanger, partager, n'hésitez pas à nous contacter :

Mail : hype.ose@gmail.com
YouTube / Twitter / Facebook : Hype-N-Ose

Aller plus loin avec HnO Hypnose

Site Hypnose Fusion :

J'ai fait un site qui regroupe désormais l'ensemble des thèmes que j'aborde régulièrement.

- Hypnose et Magnétisme
- Hypnose et rupture amoureuse
- Hypnose et Enfants
- Hypnosophie
- Crosstherapy
- Hypnose et Sexualité
- Hypnose et Sommeil
- Hypnose Urbaine
- Coaching et SmartBrain Process
- Hypnose et Grossesse
- Hypnose et Manipulation
- Hypnose et Arrêt du Tabac
- Hypnose et Anneau Gastrique Virtuel (Système BAGH)

N'hésitez pas à l'utiliser le plus possible, je vais le faire évoluer et répondrai à vos questions.
https://hypnosefusion.com/
Programme d'hypnose disponible gratuitement :
Programme pour se donner de la Bienveillance (21 Jours)
https://hypnosefusion.com/hypnose-et-bienveillance/
Programme Mincir et Prendre soin de soi (21 Jours)
https://hypnosefusion.com/systeme-bagh-programme-mincir-et-prendre-soin-de-soi-5min-jour-sur-21-jours/
Programme Arrêter de Fumer Gratuitement (21 Jours)
https://hypnosefusion.com/hypnose-et-arret-du-tabac/

Programme Anneau Gastrique Hypnotique Gratuit (21 Jours)
https://hypnosefusion.com/hypnose-et-anneau-gastrique-virtuel-systeme-bagh/
Programme Loi d'Attraction (21 Jours)
https://transeattraction.wordpress.com/
Programme Sommeil (7 Jours)
https://hypnosefusion.com/hypnose-et-sommeil/
Programme Hypnogrossesse (21 Jours)
https://hypnosefusion.com/hypnose-et-grossesse/
Programme Smartbrain Process (120 Jours)
https://hypnosefusion.com/coaching-et-smartbrain-process/

Boite à Outils :
Je vous ai mis en ligne une petite boite à outils sur le site
: https://hno-hypnose.com/boites-a-outils-et-partages/

www.ingramcontent.com/pod-product-compliance
Lightning Source LLC
Chambersburg PA
CBHW071134280526
45787CB00003B/1284